JN418180

뜨거운 바다

모아드림 기획시선 93

뜨거운 바다

최성배 시집

모아드림

■ 自序

장맛비에 두드려 맞은 땅바닥이 헛소리를 지르고 있다.

육신 안에서 맴돌던 잡다한 나부랭이들이, 억지로 맞춘 개꿈은 도망을 갔는데 무엇인가가 암담하게 남아있다.

또옥, 똑. 빗방울 소리가 다시 귀를 잡아당긴다.

아이고, 저렇듯 낙숫물은 끊임없이 골수 속으로 떨어지고 있는데, 곤두선 기억들은 사라지지 않고 지워지지도 않다니.

큰물고기를 잡지 못하고 파닥거리는 먹잇감마저,

서투른 주둥이 질로 놓친 게 어디 한두 번인가.

땅거미는 어둑어둑 다가오는데,

갈 길이 바쁜 걸음을 타박하여 무엇 하리.

슬픔을 태워보려고 먹구름 뒤에 숨은 햇볕을 기다리는 허튼 자, 너!

그 노래 소리, 참으로 부질없고 부질없구나.

2006년 8월 짙푸른 호암산 기슭에서.

차 례

2부

3부

4부

1부

부적(符籍)

불에 타면 날아가 버릴
크고 작은 믿음 한 장.

잡을 것 하나 없이
세상의 막바지까지 밀려왔던 나는
밤새도록 애간장만 녹을 뿐

마음으로 못 담은 붉은 기호들이 산만하게
흩어져 있는데
벽에 붙이지 못한 종이 벽 하나만
또, 생겼을 뿐이다

간절한 소망만큼
욕심으로 젖어오는
이승과 저승 사이를 오고 간
무정한 E-메일이여

당하리 바람

땅 끝 못 미쳐
당하리 마을 어귀에는
굵은 동백나무들 서 있다
수평선 너머에서 바락바락 소리지르며
달려온 높새에 날리는 검푸른 잎사귀들
햇빛으로 반짝 눈뜨면
퉁퉁 부은 봉우리 머금었다가
순정이 슬퍼서 터진 시뻘건 동백꽃
아마, 옛날 언제부터
당골네의 막내 딸 처녀 넋이
구천으로 훠훠 떠돌아다니는
지금도 흐릿한 하늘이면
나무들 사이로 눅눅한 기운
우우 몰려와 휘파람 불더라
그래, 아주 드센 원귀가
입술 깨물며 선혈이 낭자한 모습으로 나타나
떠꺼머리 총각의 가슴을 짓눌렀다고 하더라
홀로된 아낙네들은

남의 설움이 자기 슬픔 되어
건 듯 부는 바람에도 세상만사 서러워서
가파른 갯바위에 엎드려
죄 없는 굴 껍질 까며
한숨짓는 조새질*로 붓는 몸을 누이면
흐느끼는 파도 소리
밤 새 동백나무 숲을 지나고
고깃배 타고 안돌아온 서방 생각조차
잠시 잊었다고 하더라

*조새질 : 새의 부리처럼 만든 기구로 굴을 까는 행위.

상여꽃

여자 찾아 뭍으로 도망간
사내가 바람이 되어 왔을 때
노숙자로 떠있던 섬은
수평선 아래 잠들어있었다

아직
봄은 먼발치에서 손짓하는데
마을 뒤 돌담길을 돌아나간
하얀 종이꽃 무더기 떠날 때
시커먼 하늘을 흐늘흐늘 헤매는
허연 가오리연 한 장

빨건 동백꽃망울로 맺힌 사내는
바람에 떨어지고
연줄 끊긴 가오리연은
사뭇 찢어진 하늘로
너울너울 아스라이 멀어지는데

오메 내 새끼 미치고 환장하겄네
어머니는 소리쳐 불러보나
먼 바다에서는 해일이 몰려오며
메아리조차 들리지 않았다

어느 봄날

그 동안 어디에 있었느냐고
아무도 묻지 않았다

숨쉬기조차 버거운
이 삭막한 도시에서
너는 바람과 바람 사이로
멀리 달아난 소싯적 팔랑개비마냥
돌기만 하였느냐고

삶에 오염된 그림자로 늘어져
거멓게 타버린
심장을 붙잡고 있었느냐고

어느 새
밤꽃 향기에 찔려서
봄볕에 그을려 땅거미로 내린
그늘을 붙잡고 있었느냐고

네가 봄바람이어서
그늘마저 날아가고 없어서

기억을 위한 기억

그대에게 미쳤을 때는
모든 것이 아름다웠습니다

내가 나를 떠났습니다
그림자 없는 거리에
소슬한 바람이 불면
추억은 가로등 불빛 속으로 사라집니다

영원한 것은 없습니다
내가 스러지는데,
그대인들 가슴 저미는 아픔이
왜 없겠습니까

역 광장을 질주하는
차량소리에
비둘기 떼가 사방으로 흩어집니다
푸드득 날개소리에
기억의 입자들이 놀라서 곤두섭니다

그대의 격정이 지워진 자리로
다시 내가 돌아왔습니다

수몰 지역

어스름 속으로
잦아드는 마을을 보았습니다
하늘 끝으로부터 달려온
시간의 그림자는 마을을 삼켰습니다
수평선이 해일에 감겨드는 순간처럼
첫사랑의 추억도
뜬금없이 침몰했지요
마흔 네 가구의 주춧돌들은
기억조차 사라졌습니다
어허,
때로는 알 수 없는 그림자들이
물속에서 불쑥 일어섭니다
가까이 가보면
신기루조차
꿈입니다

물결

비구름이 덮치면
검푸르게 이지러진 얼굴
그믐달 이울면 쌜쭉한 눈빛 흘기던
변덕스런 거울로

살랑거리는 바람이
쨍쨍한 햇빛을 밟을 때
무수히 떨어지는 찬란한 비늘들

힘겨워 비틀거리면서도
내밀한 물살을 좇아 달리는
너의 야무진 반항마저
흐르는 얼굴 위에 떠도는 넋이 되어

끝도 시작도 없이
어둠 속을 가르며
고뇌와 슬픔을 안고
뭍을 찾아 어지럽게 헤맸던
얼마나 장엄한 나날이었던가

떠날 때

철쭉 빛 찬란한 산자락
꽃망울들은 무리지어 피어있는데
저, 화사한 웃음들처럼
가슴 가득히 아리고 깊은 분노까지
미련 없이 버릴 수 있을까

그대가 길을 떠날 때
이미 하루의 해가 저물어서
떠나가는 그대의 젖은 눈빛을
무엇이 잡아당기고 있다는 말인가

거리낌 없이 무심하게 담고 담은
곰삭지 않은 고단한 세월에
얽히고설킨 인연의 끈들
무엇이 두려웠던지

개구리들 퍼질러 울음 우는 논둑
저벅저벅 어둠 속으로 걸어가면

뚝 뚝 끊기는 적막
그 많은 슬픔들을 다 아우를 수 있을까

보리밭

바람은 보이지 않았습니다
하늘 끄트머리에서 내려왔는지
지평선 아래서 올라왔는지 알 수 없이
저 푸른 보리대궁들의
들판을 일렁거리고
덜 자란 보리까실들 맘 설레 놓고는
어디론가 달아났는지
바람은 보이지 않았습니다
싯누렇게 센 보리모가지
밭이랑 속으로 자빠져도
무슨 비밀이 들통 날까봐
바람은 사뭇 보이지 않았습니다
어쩌면 바람은,
누런 이삭이 떨어질지라도
누가 제 아픈 상처를 알까봐
꺼이꺼이 터져 나오는 소리
목젖으로 누르고
글썽글썽한 눈물을 훔치며
그냥 냅다 달려갔을지도 모릅니다

너에게

너를 잊은 지 오래다
우리가 만났던 날들도 세월에 씻겨서
어디론가 흘렀다
뒤척거리는 이불 속에서
생경한 새벽의 꿈으로 나타난
너에게
나는 연탄불로 꺼진
추억을 차마 건지지 못했다
영원한 것은 없는데
촘촘히 남아있는 기억들의 잔해를
삭아지는 시간으로도 모자라
여전히 두려움이 앞선다
내, 너를 사랑한다 하여도
유리창을 때리는
저 짱짱한 아침 햇살에
간밤은 흔적 없이 녹아버리고
기억하였던 사연조차 까마득하다
어쩐지 내일은 불안하지만

어제 역시 오늘이었으니
끊임없이 피고 지는 뭇 잎 새처럼
드넓은 벌판에 떨어지는 눈송이같이
그냥 떠나야 하리
이제 너를 잊은 지 정말 오래다
허공으로 사라진 별똥별처럼
잔해도 찾을 수 없이.

참꽃

그대 가슴 안으로 타다 못하여
지겹도록 붙어버린 이승의 절망이
저 수많게 부르튼 입술들로 하여금
흐드러진 연분홍 되어서
바람에 흩날리느뇨

벌거벗은 나무숲 적막을 지나
숲 그늘조차 짝짓기 하는 계절에
무슨 한을 오랫동안 머금었기로
성깃한 대궁에 가냘프게 돋아나
그토록 아픈 빛이더냐

따사한 봄볕 살포시 불러
산자락 아래서부터 불길로 타올라
온 산을 미치도록 태워버리는
슬픈 혼의 빛깔이여

계절은 쳇바퀴

매화입술이 다 떨어질 무렵
연초록이파리 무성하다
짙푸른 파도의 거품이
하얗게 부서져
햇볕으로 탄 아랫도리는
시뻘겋게 미쳐버린
산의 사타구니 오르며
얼어붙은 땅이 언제 녹아서
새움을 틔울까 하고

생각이 생각을 잡아먹는
그런 꿈만 꾸면서
헐거운 내 별자리로 달려간다

내리막 길

꽃과 새싹에 취하여
먼 곳을 가린
아지랑이 춤사위에 놀아나
한잠 잤더니
해는 짧아져서
내리막길은 조급하고
접질린 발목 위로 무릎이 영 시큰거리는데
도대체
앞길은 굽이굽이
알 수가 없구나

연안 부두

외로움으로 타버린 섬들이
수평선 너머 숨어버리면
배 멀미 안고 뭍에 내린 사람들은
피안彼岸에 걸린 닻줄을 당기며
종종 걸음으로 사라졌다
시커먼 하늘이 된 어두운 바다
하역장의 컨테이너
트럭엔진 소음 그친 항구의 불빛들
물결에 출렁이며 부서져서
먼 바다로 떠난 어선들을 기다리다
파도에 떠밀려온 인연因緣은
생선비린내 차마 못 잊어
이 거리 저 녹슨골목 애써 기웃거리고
이따금
어느 노래방에서 흘러나오는
술에 흠뻑 젖은 사람들의 절규
밤 바람소리마저 자지러져
모든 것 다 비어있는데

뜬눈으로 지새웠던 갈매기 한 마리
세찬물결 위로 떠돈다

그림자의 방황

새봄의 유혹에
환장하여 거리를 나섰더니
빌딩 숲에서 내비치는 불빛들로부터
가슴을 걷어 채였는데

쓸쓸한 바람 건듯 불어
벚꽃 잎 우수수 쏟아지면
어른거리는 사람들은
열에 들뜬 얼굴마저 서로 할퀴었다

발품 팔아 이승을 돌고 돌아도
헤매는 그림자의 낯가림
이제는 휘어버린 날개가 지쳐서
가물거리는 촛불이 되려나

훅 불면 꺼져버릴 순간을
나는 무엇이 안타까워 싸돌아다녔을까
이 봄 지나면 여름 오고
슬금슬금 겨울 올 텐데

석류

돌처럼 단단하지도 않는 것이
붉은 입술을 살포시 벌리며 웃는다
태양이 여러 번 입맞춤 하려했지만
그저 미소만 지을 뿐
가시나무 혹으로 어금니 사려 물고
숙명을 터뜨린다
너는 보석이 아니다
눈물겨운 벌꿀을 촘촘한 집에 채운다
문어의 몸통에 가득 들어찬 알집이다
은하수를 수놓은 별들이다
떫었다가 시어 달디 단
혓바늘의 기억을 어루만지며
비바람 견디고 시간을 빨아들여
고독과 인내를 씹어 삼키는 알알이
스스로 만든 우주다
너는 터지는 아픔조차 즐겁다

뜨거운 바다

망망대해는 가파른 봉우리도
깊디깊은 골짜기도 덮어버렸나 봅니다
가맣고 시퍼런 물결은
오직 절절한 그리움으로 멍들었습니다
하늘이 뱉어버린 안개는 수평선 끄트머리에서
미치광이의 산발머리로 달려 나왔지요
기다란 방파제가 두 팔로 막았습니다
햇빛은 흐릿한 눈빛이 되어
수면에 산산조각으로 떨어집니다
배는 외로운 섬을 향하여 달립니다
뱃머리에 수없이 부서지는 물비늘이며
부유물로 떠도는 안개의 혼 따위가
나에게 틈입했습니다
절망으로 흔들려도 나는 가야합니다
먹구름이 우우 몰려와 성을 낼지라도
어딘들 가지 못할 까닭은 없습니다
그러므로 지금 나는 있습니다
끼니의 어지러움이 출렁거려서

태풍의 잣대로 가슴팍을 마구 찢어
뚝뚝 떨어지는 핏물 같은 거
까짓것 침몰한들 어떻습니까
숙명은 저들의 뻔뻔한 짓거리조차
외면할 수 있어야 합니다
이승의 모든 일은 무겁고 아프며
산다는 일은 그럴 수밖에 없을 것입니다
치달리던 강물들이 모두 이 곳에 와서
이름을 잃었듯
내가 모르는 것 또한 얼마나 많을 것인지
하여,
나는 다시 차디찬 심장을 만집니다
샛마바람이 불어오니 뜨거운 파도가 밀려오겠지요
초여름 한낮
나는 숨을 죽이며
빨간 수평선을 지켜봅니다

2부

쉰다섯

아카시아 꽃술 흩어지면
밤꽃 냄새 흐무러지는데
달궈진 내밀한 시간을 지나서
나무 밑둥치를 기어 올라온
곰팡이가 검버섯으로
숭얼숭얼 돋아날 때
시든 깨꽃들이 손거울에 번져
늦더위로 지친
저승꽃

별들

무수히 떠있는
저
차디찬 고독

까마득한
그
자리에서

무한히 흩어진
그대들과
나

컴컴한 하늘
쏟아지는
빛

별똥별

섣달그믐 밤
황량한 벌판에 서면
아, 저 놈의 칼바람소리
흔들리는 갈대들도 서러움에
서걱거린다

여름 푸르렀던 날은
흩어진 생각으로만 남아
별똥별이 스치고 지나간 긴 하늘은
꽁꽁 얼어 침묵하였을 뿐

먼데서
가물가물한 불빛 하나 사라지면
일월성신 끝자락에서
하늘과 땅 사이에 떠있을
눈에 안 보이는 것들의
의미를 비로소 읽으며
나를 돌아보며

옛일

나무들은 우듬지까지
시뻘겋게 멍든 이파리들을 툭툭 털면서
저 산봉우리
이 골짜기에 가을은 뚝뚝 지는데
감돌아 머물던 안개 떠나가면
일몰이 적셔버린 느낌 하나

봇짐을 머리에 이고
바쁜 걸음으로 산모퉁이 돌아오시면
누웠던 고목나무 벌떡 일어나
어슬어슬한 그림자 다가서도
어린 것들 못미더워서 총총
흔들린 별빛 따라 고샅을 지났던 어머니

그런데 가끔은 누구였더라
시간을 거두어버린 기억 속에서
해 저물녘 뒷산자락을 감도는 연기처럼
나타나

조금 전까지 차디찬 얼굴로 서 있던 그게
아, 누구였더라

인생

흰 머리털 빠지고
허물어지는 뼈마디
하루
또, 하루

빈 들판

세월 마다하고 높아가는
서러운 하늘
긴 들녘 가을걷이가 축낸
쓸쓸한 자리에 나는 그림자로
서있다

구시렁거리다가 으스름 속에
스러져간 생명의 끈들은 모두
바람으로 떠돌고 있으리

그림자를 또아리로 감은
찬바람의 혀
푸르딩딩한 하늘이 바뀌면
그림자 또한
바람의 입자가 되리니

깜박 저무는 햇덩어리조차
내 머릿속의 슬픔을 할퀴어

꺼멓게 물들인다

어허,
바람조차 시들어버리면
꿈에서도 지워져 버릴
천지간의 미세한 끄트머리여

초겨울

저, 산잔등을
걸어가는 긴 행렬
나무들도 발가벗었구나
하늘마저 밍밍하게 초점을 잃은
이맘 때 쯤 쓸쓸함 다시 돌아와
아하,
찬 서리 허연 담요를 아프게
뒤집어썼으니
어르신이 해수기침으로 삭신 쑤신
이야기를 했던 날도 스러졌는데
살 얼음장 밑으로
졸졸 흐르는 시간 잡을 수 없어
피라미들은 잠이 들었나
새벽잠을 설치면
텅 비어있는 들판 위로
무리지어 끼룩끼룩 날아가는 철새들

낭떠러지에서

한때, 근육은 바위마냥 단단했었지
녹슨 세월 속으로
부푼 꿈은 아른아른 넘어가
비둘기 깃들던 날이 지나고
난데없는 까마귀의 검은 날개가 퍼덕일 때야
움직거리는 것들이 안 보였어
나는 오늘 병원 건너편 정비센터의
번호표를 뽑아든 중고자동차들을
보고 또 보면서
누구라도 삭혀버린 날을 막지 못한다는 걸
아무도 순간들을 다 기억 못한다는 걸
모든 일들은 지워버리지 않아도
저절로 기억될 수 없다는 걸 알면서
바퀴 하나로 매달린 내가
얼마나 조마조마했던 것인지

밤

쓸쓸한 것들이
다
내게로 와서
나도 어둠이 되었다

하늘에 누워

이제는 지쳐서 길에 눕는다

발이 부르터 돌부리들이 솟아있건만
사위는 어두워
서러운 생각마저 잊어버려서
등짝에 붙어있는 땅덩어리가
나를 무겁게 짓누르는데
주머니에 든 시간조차
줄줄 새어나가
숨 가빴던 순간들은 지나고
내가 흙이
땅조차 산산조각 흩어져도
시간은 나를 떠밀어
팍팍한 길을 재촉하여야 하리

굳은살 박인 길바닥에 내가 눕는다

청명(清明)

성긴 나뭇가지들이
일제히 혓바닥 날름거리며
잠들었던 흙을 불러내 기지개 켠다
논둑길 파릇파릇 움 트여나
스르르 기어 나온 생명들아
질긴 것들의 끈은 이어져
흙속으로 스며드는 빗방울들
너희도 기어코 함께 왔구나
어느 것 하나 버릴 수 없는
세상의 이치들이 모두 숨쉬는데
시간의 먹이로
살아왔던 일이 얼마나 눈물겹던지
떨리는 가슴으로
잠을 깬 개구리에게 물어보고 싶었다
숨 가쁘게 달려오는 야윈 햇살들아
아직 꽃샘바람 차갑지만
노란 꽃잎 날리고
까만 비닐봉지 나부랭이들 굴러서

까치가 떨어지고
나는 눈물샘 마른 얼굴이 부끄러워
색 바랜 사진처럼 옷깃 속에 숨는데
저 먼 곳에서 몰려오는
바람소리에
벌떡벌떡 일어서는
상수리나무들의 부릅뜬 눈

고천암* 철새

만호바다에서 불어오는
매서운 바람 아랑곳없이
파닥거리는 은빛 햇살 속으로
날개를 접는 수많은 청둥오리들
잉잉 울어대는 전신주들 사이에서
흔들리지 않는 꿈을 꾼다

생존의 나래짓은
더 높이 떠돌며
때로는 툭,
나락으로 떨어지는 절망조차 보듬어
서걱거리는 갈대숲 저 멀리
하늘에 번진 벌건 빛발은
다시 돌아가야 할 허무의 자리

철모르는 새끼들 물 바닥에 나뒹굴어
짓까불며 물갈퀴 까딱대다가
햇볕에도 녹지 않는

떠돌이들의
까만 점, 점, 점……
세상 끝으로 날아오른다

*고천암 : 간척지, 해남에 있는 철새 도래지.

황사바람

고비사막으로부터
누런 먼지들의 함성 들려오더니
밤새도록 흙비가 내렸다
구조물들은 흠뻑 젖었고
비가 그친 거리를
흙바람이 때때로 지나갔지만
새싹을 움튼 가로수들은
그저 아무 말 없이 서있었다

강물

물방울들,
푸른 물결이 되려면
갈아 앉아야 할 퇴적물
시간으로 잠기고 땡볕에 걸러져
스산한 바람을 맞으며 흐르고 흘러

며칠 새 내린 폭우까지 합류하여
저이들끼리 밀리고 밀려
바다에 이르렀건만

어느 새 지금까지의 이름들 다 지워져
오직
강물이라고 불러지는 것을
물방울들만 모르고 있었다

무더위

막바지 무더위인데
아가리 울음소리 때문에 그랬는지
열에 들뜬 나의 머리는
얼음바람 속에서도 식지 않아
까닭 없이 나도 나를 모르겠다

거리의 사람들은 떠밀려 오가고
뿌연 기운은 고층빌딩의 틈바구니를
속속들이 가득 차있는데
나도 나를 모르겠다

살아가는 무섬증 때문에 그랬는지
심장을 쥐어짜는 통증은 가라앉지 않아
시간을 버리면
공간이 멈추고
공간조차 잃어버리면 도시는 침묵일까

지하철 2호선 1번 출구 속으로 빨려 들어가는

사람들의 내일도 알 수 없으며
나도 나를 잘 모르는데
불길 속으로 활활 타들어 가는
장작인들 무엇을 알아
탁탁 소리 내어 울겠는가

나는 입을 틀어막고
신음소리를 삼킨다

입동(立冬)

낙엽들이 우수수
거리에 떨어져 낡아 쌓이고
하늘은 무심하게 생명들을 걷어내며
미화원의 기침소리는
빵집과 고깃집 사이를 떠 돈다

서로가 던지는 돌팔매로
아무나 쓰러지는 거리에서
그믐달은 떨어지고
술기운을 보듬지 못한 시름으로
나는 웅크린다

앙상한 나뭇가지마다
새움이 졸고 있을 때
길거리에 누워있는
늙은 노숙자는 영영 깊이 잠들고
행인들은 종종 걸음으로 사라진다

사방이 꽉 막힌
도시의 밍밍한 창문 안에서
땅에 붙어있는 것들의 숨통을 덮어
수은주 아래로 곤두박질하는 것이
어디 이것뿐이랴

이중성에 관하여

뒤숭숭한 꿈이 필름으로 감긴 날
의식이 행방불명되어
내 몸 안에서 난리가 일어났다

나의 화살들은 과녁을 향하여
무수히 몸부림쳤으나
허공으로 날아가 버렸다
하여, 나는 과녁을 바꾸었다

개똥밭에 굴러도 이승이 좋다기에
살기 위하여 엎드렸거나
먹기 위하여 굽신거렸다
비굴의 화살 하나하나 뽑으며
바람으로 일어선 그림자들을 알면서도
그랬다

나는 그랬다
절망이 흐르는 얼굴 위로

희망이 겹칠 수 있다는 것은
그믐달 아래서도
사물이 제 스스로 인기척 소리를
낼 수 있기에 망정이지

텃새

눈 쌓인
성깃한 나뭇가지 끄트머리에
두리번거리며 간당간당 매달린
숨소리 하나
어디에서 왔을까
훅 바람이 불어 눈을 떨어뜨리자
후드득!
어디로 갔을까
고뇌와 슬픔을 향하여
화들짝 편
짧은 나래

3부

백중(百中)

둥글고 하얀 빛
빛이 남긴 그림자
그림자를 따라온 혼의 그림자는
빛바랜 단청무늬 아래서
으스름 돋는 날 밤을 지새우리

스산한 그 옛날부터
육신에 눌어붙었던 한이
얼마나 사무쳤으면
이승 한쪽을 떠돌다가

촛불 꺼진 떡시루 난간에 서서
저승새 우는 소리로
꼬박 날 밤을 새웠겠니

혼은
다시 술잔에서 증발하며
산신각의 기둥조차 발이 저린데

종루로 내린 달빛 소리에
깜짝 놀라서 새벽 종소리 울린다

대흥사 단풍

해발 700미터
두륜산 자락을 들추다가
깊고 은밀한 숲의 유혹을 못 이겨
황홀한 가을에 흠뻑 젖었다

마지막으로 울긋불긋
활활 타들어가는 이승의 불길
그대들은 곧
땅위에 뚝 떨어져
해탈문의 먼발치에서 뒹굴 것이다
흙의 미립자가 될 것이다

나 또한
오늘에 이르러
썩어 문드러진 오장육부의
신트림을 뱉으며
또르르 말라비틀어진
그대들과 다름없다는 것을 알았다

저,
구름다리 아래 머흘다 떠도는
한 덩이 구름보다 못한
나를 보았다

은행나무

헤아릴 수 없이
많은 부채 손들의 환호성
돋아나는 푸르름도 있었지만
꿈속으로 휘감겨들어
내 기억이 미처 줍지 못한
추억의 부스러기를 어찔 수 없는데
한 때는 방황과 좌절이
뼈를 깎고 살을 짓물러버렸을 적에도
나는 구린내 나는 열매만은 품고 있었지
이제 노랗게 익어버린
내 정갈한 순간들이
화르르 검불로 타오를지라도
오늘의 위태로움마저
황금빛 찬란한 죽음으로
머무를 것이니

떠도는 것들

눈 감으면
언제나 사무친 것들이
날아다닌다

밤이 새도록
죄다 꿈으로 얼룩진
영혼들은 잡아 뜯겨서
핏빛, 검정, 하양으로 육신에 들어 차
여태껏 생생하다

그리운 것들은
차마 내 곁을 떠나기 어려워
눈물겹도록 켜켜이 눌어붙어
한숨이 되었나

시간의 함몰 속에
자지러드는 영혼의 날개 죽지
눈을 뜨면 인파의 가쁜 숨소리들

화투

매화꽃이 지고
벚꽃 필 무렵이던가요
고민 고민하다가
몸을 비틀어 절규하면서
병든 인생을 마시고 토악질했나 봅니다
세상이 뒤집혀도 고도리만 잡으면
솟아날 구멍은 있다며
큰소리로 말했던 사나이
검붉은 액체가 흘러서
베개를 부둥켜안은 그림자는
흑싸리 껍데기가 되었습니다
으스름 달빛이 해돋이로 바뀌어
화사한 꽃들의 웃음소리 요란한데
후회의 기침 소리를 뱉으며
시퍼런 지폐에 박힌 얼굴
그 미쳐버린 눈빛 속으로
소용돌이치는 세월을
지긋지긋하게 날려 보내려고

절망을 못으로 탕탕 박아버린 간밤
무서리가 내린 길섶에는
단풍잎이 뒤집어져서
노름빚처럼 보름달이 집니다
하늘은 아무 말씀 없는데
새벽부터 빗줄기는 껍질을 벗고
안개만 자우룩합니다

보낸 자의 슬픔
—J 형의 영전에

북서풍이 윙윙 울었건만
당신이 잠든 안치실의
가물거린 촛불은 어둠을 지키고
연기 꺼진 향로 위에서
울어도 웃는 사진 한 장

동족들은 아직 서로 겨냥하고 있는데
역사의 땅굴을 파다가 갇혀버린
당신은 무엇이 서러워서
증오의 단층까지 파헤치려고 했던가

아무도 울어줄리 없는 동짓달의 침묵
벽시계 바늘이 손사래를 치자
세상에 지친 당신의 숨소리는
벌떡 일어나 촛불을 꺼버렸다

바람 한 무더기로 달려와
유리창을 세차게 두들기다가
그림자를 거두어 떠나버리는데

굴뚝 연기

친구는 아침나절
영구차에 실려 아궁이로 들어갔다
불법 복제된 꿈같은 세상
뼈아픈 기억들은 모두 달아나
독버섯 같은 사랑마저 달아나
어둠을 태우려는 실없는 불꽃이
살아있는 것들을 위하여
다른 죽음을 불태운다
굴뚝의 연기는 눈물 부르며
굵은 눈물은
억센 빗줄기를 부른다

중음(中陰)* 을 떠돌며

— 살아있는 자들에게

시답지 않았던 나의 삶은
이를 악물었어도 기울었다
너희들 때문만은 아니었다
드높고 맑은 가을 하늘
시퍼렇게 날이 선 슬픈 빛살들이
내장 속 깊이 스며들어와
회오리바람으로 휘휘 저었고
아궁이에 갇힌 내 세상의 흔적은
수백도의 불길이 핥는 대로
한낱 흰 연기와 분골의 잔해로 흩어졌다
아득한 기억으로부터
도망쳐 나온 내 생애의 찌꺼기들
몸을 떠나 정처 없이 헤매는데
이제 처음도 끝도 아닌
아무 것도 아닌 곳으로 떠밀려왔으니
흔들리고 흔들렸던
내가 나를 버렸을 때
생애 또한 산들바람이었으리

삶이 세상을 도피할 수 없었다면
길들여진 몸의 움직임조차
끼니에 쫓긴 또 다른 그림자였으므로
덧없는 시간만 육신에 스며들어
그저 세월을 되돌아 왔으니
세포들은 먼지로 흩어져
자우룩한 안개 속에서
나는 나의 모든 기억을 지운다

*중음=중유(中有), 다음 세상에서 생을 받는 순간(生有)까지 중간의 시기에 있는 일종의 영혼신(靈魂身).

사십구재(四十九齊)

어디서 어떤 각도에서건 얽매이지 않는
직사광선은 반사되면서 없어진다
모든 불빛들이 언젠가 잠들듯
추억은 가물거려 스러지고
나의 숨통이 끊어지면
어둠속의 어둠은 다
빛을 잡아 먹는다
내가 없어
어둠도,
빛도,
없다

오직
사물은
그 자신의 존재로
눈물 흘리며 눈물을 감춘다

기일

어허,
그렇게 가는가

몸에 묻었던 슬픔 따위를 내려놓고
북망산천으로 날아가는
검은 새 한 마리

이승의 흔적 같은 건
아무래도 버거워
훌훌 털어버렸다는 말인가
얼마나 두꺼운 벽이기에
그대의 소리는 들리지 않는가

소리 죽이면 침묵이 된다지만
차마 지르지 못한 바람소리 있어
나는 그대의 헛것을 본다네

아직 사라지지 않고
얼쩡거리는 그림자를

새벽 제사

겨울을 벗어나려는
가녀린 철새들의 울음소리
하늘 끝으로 사라질 적에
아내가 시장에서 사온 장대 세 마리

할머니가 동태 전을 붙이고
가난한 생애를 보내며
아버지가 술 석 잔을 부어 올릴 때

내 늑골과 오장육부와 두개골은
어른들의 분노와 웃음소리들까지
나의 기쁨과 슬픔으로 전이되어
숨소리 되었다

이 공간의 침묵으로 스며든
목소리
사람이 되어야 한다는 그 말씀.

찌꺼기를 위한 낙서

생명의 죽음들이
내게 들어와 깃든 먹이사슬은
거멓게 혹은, 누렇게
나를 빠져나와 변기구멍으로 사라진다

세상 앞에 누워버린 시체들은
형체도 알 수 없이 혹독하게 썩어서
흙이 되고
바다가 되어
하늘의 먼지로 날아다닐 것이다

생명과 죽음 사이에는
무엇이 있길래
나는 왜
시도 때도 없이
끼니의 먹음질에
사로 잡혀있는 걸까

4부

탄광 막장

아이들의 울음소리를 뒤로 하며
우리 모두 수직으로 떨어진다

저 시퍼런 바다의 심연으로
어둠 컴컴한 하늘
가없이 펴져나간 영원 속으로

천년을 지나도 빛줄기 하나 없을
어딘지 모르는 흐름을 따라
탁한 산소를 빨며
음흉하게 번진 진폐증을 쥐어뜯으며

아무도 모르는
지구의 가장 깊숙한 고독
무지막지한 갱도의
시간을 가늠할 길 없는
육신은 허탈하다

언젠가 모두 떠날 것이다
절망의 검은 흙을 파먹으며
처음도 끝도 없는
저 공허한 길을 향하여
덜커덩거리는
늙은이들의 울음소리를 들으며

장맛비

후텁지근한 밤
네 번이나 일자리에서 떨려난
사내와 만났다
수도권 부천시 원종동 골목길
어둠에 찌든 생맥주 한 잔을 삼킨다

종로에서 수색동과 신월동으로
더 먼 가장자리까지 밀려와버려도
시끄러운 도시의 광휘는 검은 하늘 가리는데
아버지와 어머니를 세상으로 마시며
아내와 아들을 우주로 마신다

시간을 졸인 호프집에서
닭튀김을 아삭거리며 씹는 김 씨
꾸깃거린 얼굴을 들어 핏발선 눈으로
쏟아지는 빗줄기를 본다

아내들은 도망가고

아이들은 컴퓨터 화면으로 빨려갔는데
사소한 현기증을 목젖으로 넘기며
활활 불탔던 꿈의 추억 찾을 길 없어

실핏줄이 뻗쳐있는 숨소리를
잠재우기 위하여
거세된 수컷마냥
우리는 일어설 생각도 없이
거품 꺼진 오줌을 마신다

모기

해 저물면
초승달이 실눈 뜨는 저녁
구부러진 촉수에 매달린 삶처럼
위태로운 날개소리는
아슬아슬하게 피 마르다
파장에 쫓기는 장돌뱅이 되어
뼈가 으스러지도록
허겁지겁 헤맸던
무더운 하루는,
참 오랜 세월이었구나
어두운 공간을 뒤집은
차디찬 향 냄새로 모질게 지친
나의 고단한 질곡이여

산동네

휘어져 내려간 좁은 골목의
만두가게에 서린 부연 김처럼
아이들은 흐린 눈빛으로 떨고 있는데
삼겹살 익는 냄새를 기억하는
텔레비전 화면에서 깔깔거리는 소리

위태로운 천장을 고인 빗물, 뚝 떨어져서
시무룩한 눈빛 풀린 바깥에
서성거리던 안개가 창문을 엿보면
엄마는 여태껏 안돌아 오고
후드득 장맛비 다시 돋는 소리

먼데서 들려오는 차량의 소음이
아랫동네에 하나 둘 불빛을 불러오는데
사람들은 아빠의 초췌한 모습으로
하나 둘 올라오고 사방은 점점 어두워
옆집에서 달그락거리며
밥상 차리는 소리

사는 동안

하지의 태양 다시 떠올라
눈 시린 빛에 드러나
자유로울 사람은 아무도 없다
맨 날
우유 값을 벌기위하여
사방팔방 바쁘디 바쁜 너여
들숨소리 조이는
삶의 멍에로부터 벗어나려고
네가 어둠을 탈출하려던 까닭을
다시 묻는 것은 절대로 아니다
행성들이 직렬로 뜬 종말이오더라도
눈과 귀를 막아도
날숨소리 내는 생물로 살아있다는 일은
원죄를 떨치지 못하여
도망갈 수 없기에 어쩔 수 없다
비록 어둠이 도사리고 있다 해도
언제나 탈출하려는 자는 희망을 가지므로
오늘도 해 저문 거리에서

너는 시든 몸으로 손수레를 이끌고
물건을 다 떨이하는
내일의 꿈을 그린다

맹인 안마사

어둠이 내리면
모든 사물은 눈을 감는다
어둠속에도 어둠이 있다
침침한 세상에는 반듯한 사물도
어슴푸레한 추억으로 기억될 뿐이다
바늘 끝에 맡겨진
눈 알갱이 둘.
별 볼 일이 없다면
세상이 아무리 아름답다 한들
자유가 잡히겠는가
뼈마디의 고통으로
뼈마디의 아늑함을 주는
서울 강남의 네거리
뒷골목 4층 안마시술소 복도를 지나
어딘가 있어 줄 한줄기 빛을
냄새와 소리의 본능으로
찾아 헤매는
암울한 평정이여

라면

어찌된 일이냐
모락모락 나는 김이 식기도 전에
불어터진 면발 가락들
지상의 가장 숭고한
낟알이 바스러져 만든
성찬.
못나고 부끄러운 생명들을 위하여
구불구불 얼크러져
맵고 뜨거운 시련 마다하지 않았는데
못난 질서를 만든 자들에게
순결한 생명을
기꺼이 내놓고도
그래,
구리고 더러운 입김으로
후후 불어 질질 흐르는 침방울조차
아무런 원망 없이 받아주었더란 말이냐

오월 어느 날

소나기가 쏟아지고 바람불어도
햇볕 짱짱하더니만
도시는 느닷없이
민방공 경보 사이렌 울리며
동작 그만!
콘크리트 바닥조차 숨을 죽인 척
조용하여
습성처럼 지하도로 도망 간
나는 눈 둘 곳을 모른다
사람들은 모두
어둠과 깊이 감춘 슬픔에 익숙한데
나는 눈이 아리다
장갑차가 지나간 자리에는
공해와 소음이 들끓어
오월은 사뭇 햇빛을 비켜간 바람으로
달력 한 장을 뜯어 버린다

현수막

움직이는 것들이
오가며 돌고 도는 거리에서
한때,
바람을 향하여 나부끼던 깃발보다
더 시끄러운 목소리들이
사방팔방에서 펄렁거리며
날이면 날마다
달이면 달마다
지겨움을 물어뜯는다
시끄럽고 현란한 유혹의 웃음으로
거짓과 위선을 교묘하게
합성시킨 기교.
고래고래 소리를 질렀던 깃발보다
더 악랄한 간교함이
움직이는 것들의 시선과 얼을 빼앗아
몽땅 쓰레기통에 쳐 넣는다

봄에 핀 꿈

언제나
한식날이면 죽었던 이는 살아오며
살아있는 자들은 심장을 확인한다

사막은 융단폭격으로 폭삭 망가져
팔다리 없는 아이들은 거리를 떠도는데
지구 반대편에서 뜬눈으로 새워 본들
봄의 그늘로 사라졌던 날들을
어쩔 것이냐

악몽이 아니고 생존이었을 때
치미는 분노를 세상에 던져보나
뉴욕의 맨하탄에서
서울의 종로에서
우리의 생애에 푸르른 날은
과연 얼마나 있었는지…

뚝 분지른 나무토막을 가슴팍에 꽂아도

물오르는 삶은 어찌할 수 없어서
다랑이 논둑에 핀 할미꽃도 다시 고개 들었다

지뢰지대

고름이 질질 흐르는 거리를 떠나
백두대간의 척추에 섰을 때
이글거리는 햇빛은 백마고지와
덤불속에 자빠져 있는 철마의 파편을 핥았다
평야와 산봉우리들을 잘라버린 249.4 킬로미터
자오선이 방향을 잃어버린 반세기
철책선은 점점 두꺼워졌는데
지뢰들이 파묻힌 깊은 계곡 그늘에서
삭은 탄피들과 녹슨 철모를 덮고
허옇게 깨진 두개골을 빨며 자라난 풀꽃들
지층의 화석으로 박힌 원혼들
피의 능선과 누에능선을 떠도는 구름 부르다가
핏발선 눈빛으로 피울음 울어
우거진 풀잎에 눈물 맺혔다
저토록 황폐한 시간이 흘렀어도
서늘한 기운이 감도는 것은
이쪽과 저쪽의 그림자들이
서로 저주하며 표독한 눈빛으로 엉켜

우르르 꽝, 번쩍 번쩍,
하늘마저 미치고 무너져 내렸기 때문이다
난장판은 잠시 쉬고 있는데
저쪽의 웃자란 수풀 속에서는
아직도 두 눈을 부릅뜨고 있을까
부르는 이도 없을 그들.
꽃피고 신록 우거진 나날이 지나고
마른 잎 새 수십 번 떨어져 눈보라쳤건만
오갈 곳 없는 그림자들은
산야의 계곡을 어둠으로 울며
우 우 매운바람으로 떠도는데
누가 누구를 위해서 싸웠다는 말인가
원죄로 가득한
유월은 바람조차 써늘하구나
이 후텁지근한 계절에
춥고 떨리는 삭신을
쇠파리 떼처럼 달라붙은 원귀들에게
나는 무슨 말로 대답 할 것인가

저쪽은 언제 터질지 모르는 불발탄을 쌓으며
다시 돌아갈 이쪽은
우뚝우뚝 높아가는 벌집들 사이로
술래놀이에 취할 것인데
세상은 참으로 까마아득하다

시력 검사

렌즈 속에서 굴절된 빛이
눈으로 들어왔다
시퍼런 전조등 불빛으로
부릅뜬 내가 내 속으로 들어와 있다

움직거리는 망막의 화면에는
게릴라처럼 잠입한 음흉한 눈웃음과
안질에 걸린 애매함 사이에서
허공으로 걸린 동공 하나

생을 스쳐 지나간 시간이
빛바랜 사진 몇 장으로 멈춘 필름
먹이 사슬에서 벗어 날 수 없었던
수놈의 비굴한 웃음이
살아 숨쉬고 있다

빛의 속도에 찌든 인생들이
블랙홀 속으로 빨려 들어가면

어떤 잘못도 용서받을 수 있을까

오래된 세균들이 우글거리는 우주 속에서
너덜거리는 시신경 줄을 놓치지 않으려고
발악하는 기억은 말이 없다

티라노사우르스*의 절망

지구상에서 가장 오래된
동물의 뼈를 본 일이 있습니까?
한 때 융성했던 거대한 생명체의 잔해를
뒤집어진 흙 속에서 건져내어
어쩌란 말입니까

먹이사슬은 여전히 살아있습니다
오래된 기름이 검게 썩어서
내 뱃살을 태웠으며
어금니 틈새에 낀 삼겹살 찌꺼기와
내장을 말리는 갈증의 새벽을
자리끼 한 잔으로 재웠던 순간은 증발했지요

우연히 진화된
말초동물들 사이에서
자만한 쾌감이 절망으로 와버렸던
살코기들의 시간은
얼음 속에 붙어있습니다

고장 난 시계를 들어
어렴풋이 남은 하얀 기억들을 비춰봅니다
이빨조차 썩어버린 잔인한 그 자리에
우리는 없습니다

*티나노사우르스: 중생대의 육식 공룡

충적세(沖積世)

공기에 닳아지는
사물의 속도만큼 빛은 바랬다
빙하가 녹아서
동굴 속으로 해가 들어오면
수컷들은 고기사냥을 나갔고
암컷들은 새끼를 낳았다
짐승들의 송곳니와
억센 발톱이 살아있는 한
언제나 돌도끼의 날은 벼려졌다
성난 맹수의 발악에도 끄떡없던
수컷의 눈빛에서 힘이 빠진 것은
해가 질 무렵
눈빛이 번쩍이는 순간
고기를 감춘 암컷과
임자가 바뀐 수컷의 속임수를
거울보다 빠른 화면으로 보았기 때문이다

사자봉(獅子峯)*

우주는 무한하고
지구는 둥글어
처음도 끝도 없을 것이다
북위 34도 17분 21초
대륙이 융기隆起한 돌출부 맨 끝.
이곳 갈두산 봉우리에서
해발의 의미는 없다
물에 풍덩 빠져버린 땅이
요동치는 숨소리를 죽이며
까마득히 먼 바다에 발기된 섬, 섬, 섬.
아, 달리는 지맥은 여전히 멈추지 않았고
멀리 다시 솟아난
한라산에서 들리는 닭 울음소리
바다 깊어도 뿌리는 뿌리끼리 이어졌으니
하늘과 바다와 땅의 어우러짐이
이 반도의 기점에 서있는
너를 만들었다

*사자봉 : 해남 땅 끝 전망대가 있는 산 정상으로, 하늘에서 내려다 본 해안선 모양이 흡사 수사자의 머리처럼 생겼다고 하여 유래됨.

바람 맞은 비

간밤을 비에 젖은 불나비들의
날개가 퍼덕이지 못한 것은
바람으로 설마른 뒷길을
비가 또 적시기 때문이다
검은 횡단보도를 가로 기어가는
비 맞은 풍뎅이들이 회색 얼굴로
토사물들을 잠시 덮으며
불나비들의 발자국을 지운다
대기 오염된 네거리는 퇴색하여
젖어버린 헌신문지는 부활하지 못했는데
빌딩 숲에서
맨홀 속에서
쓰레기봉투로 아가리 벌리던 게릴라.
스치기만 하여도 단숨에 일어나
모든 것을 핥아버리던
바람은 꿈틀거리다가
소리를 죽여 다시 숨었으며
어둠은 빛에 찔려 더듬이를 잃고

간음하던 곤충, 즈그들끼리 물어뜯는다

몸뚱이가 둥둥 떠서
바람에 날리는 꿈을 꾸는 날이면
나도 바람이 되어 이빨을 세운다

교통사고

뜨거운 날
줄에 걸린 빨래가 되었거나
도로 바닥에 깔린
납작한 흔적 한 장으로 남았다가
먼지로 부서질 포유류의 사변事變

시속 100킬로미터로 바퀴가 마구 굴러
엔진은 숨죽이고 경적도 입 다물어서
가로수의 매미 울음소리만 요란한데
안도의 한숨을 지켜보는 햇빛만
한낮을 집어삼킨 긴 그림자

하늘과 땅은 그대로인데
사람들과 검은 타이어들은
관성의 법칙으로 굴러만 가고
그가 들숨을 쉴 때
그들은 날숨을 쉰다

어쩔 것인가
문명은 인간사회를 잡아먹거늘
갈가리 찢어진 상처의 원인도 모르며
가쁜 숨소리를 내는 순간을
인생이라니!

신기루

고층 아파트에서
파도 소리를 들었다
분명코 들었다
개펄도 수평선도 보이지 않는
광화문 네거리
영등포역
혹은, 강남역 지하도 입구에서
도둑고양이들이 쓰레기봉투를 할퀴며
흘레붙는 소리 들었다
노숙자들만 어둠으로 남은
텅 빈 도시의 중심지에서
바람이 우는 소리를 들었다
지르는 소리와
그 어두운 기척이 무엇이었던지 간에
스산한 불빛들은
나를 밟고 슬픔을 내버려둔 채
썰물로 빠져버렸다

어두운 도시

쓰레기가 널브러진 뒷골목에서
너희들이 먹다버린 썩은 찌꺼기를
우리는 생존으로 삼킨다
내일은 없고
오직 지금만 있는 불 꺼진 거리에서
쥐가 된 우리와
개가 된 너희가 공존한다
원래 누가 이 땅의 주인이었거나
삶은 슬픔을 녹여버린다
그 새끼의 할매의
먼 할애비에 대한 기억은
다만 생존으로 남는 까닭에
우리의 이빨이 자라고
꼬리가 닳아져도
제 자리를 찾는 일은 무상하다

알 수 없는 시간

당신이 눈을 감은 순간
444번 버스가 학교 앞을 지났습니다
당신이 잠든 사이
나무들은 추위에 떨며 옷을 벗었습니다

바람이 옷깃을 잡아당기고
내가 한눈을 팔 때
정지선에 멈춘
딱정벌레들이 내뱉는 신음 소리와
사람들의 허파에서 소름이 돋아납니다

당신의 졸음이 혼으로
증발하는 그 무렵
오늘도 나는 가까스로
신용카드를 막았지요

겹쳐진 시간은
강물을 말리고 산을 깎아내는데

하물며
당신의 숨소리랴

본능

혓바닥이 유혹하여
핥고 씹으며 삼켰을 뿐인데
뱃살이 두꺼워서 비만이고
삭신은 견디기 힘들어도
늘씬한 체형을 만들어버리면
원하는 것과
원하지 않은 것이
다함께 내게로 다가온다
바람이 흙을 만들고
흙은 사물을 만드는데
옛날부터 안보이게 흐르는
수 억겁의 전류를 받으며
아무도 내일은 모른다

후회

꿈이 좋아 떨리는 가슴으로
로또복권 아홉 장을 샀다
심장 뛰는 소리가 끝나기 전에
또 꽝이었다
뒤를 돌아보지 마라
지나간 것은 다시 돌아오지 않는 법이다
비겁한 삶의 부스러기와
참회조차 까마득히 잊어버려라
사람들은 사람들이 죽어도
울지 않았고 나도 울지 않았다
슬퍼도 슬프지 않은 미망에 사로잡혀
먼 길로 돌아가지 않겠다
강물이 마르고
시간이 타버린 훗날에도
하늘은 빛바랜 얼굴로
내 심장 속에서 울고 있을까

문신(文身)

오늘 정오
종로 지하상가 휴대폰 가게 앞
늘씬한 몸으로 이동통신 014를 부르며
짝짝 껌 씹는 아가씨를 보았다
미치듯 춤추는 슬픔이 진행되는 동안
몸통이 드러난 배꼽에서
우화羽化하는 파랑나비 한 마리

오후 네 시
종묘공원 화장실 소변기 앞에서
찔끔찔끔 오줌방울을 떨어트리는
늙은이를 보았다
팔뚝에 새겨진 쭈글쭈글한 심장을
뚫다가 부러진 화살 하나

해저물녘
욕망의 뿌리가 거덜 난
포유류의 어기적거리는

뒷모습을 따라 무수히 많은
호랑나비 떼가 나래를 너울거리며
거리로 날아가는 것을 보았다

아, 직립원인만큼은 꼭 살아야 하느니
지하철 4번 출구로
사라지는 날개들의 찢어진 그림자
초콜릿을 찾아 헤매다가
귀걸이 한 짝 매달린 더듬이를 너덜거리며
시뻘건 핏방울 뚝뚝 떨어지는 걸
똑똑히 보았다

소외의식을 감싸는 눈길

朴文在
(시인)

I

한국시 대사전(을지출판공사)에 수록된 최성배의 시적 경향은, — 죽음과 생명, 그리고 도시와 문명의 괴리乖離로부터 오는 소외감疎外感을 세상이라는 거울에 비추어 따뜻한 시선으로 감싸주고 있다. 또 이러한 거울에 비친 모습, 즉 많은 인생살이들의 요모조모를 자기 자신과 하나로 보는 관점은, 때로 일탈을 꿈꾸며 지극히 해방적이면서도 종국에 가서는 화해적이다. — 라는데, 그의 세 번째 시집을 들여다본다.

Ⅱ

무수히 떠있는
저
차디찬 고독

까마득한
그
자리에서

무한히 흩어진
그대들과
나

컴컴한 하늘

쏟아지는

빛

—「별들」 전문

살아가는데 바쁘고 바빠서 정신이 없다가도 문득 하늘을 쳐다 볼 때가 있다. 그 끝없을 우주적인 시점과 지구적인 시점, 별들과의 거리가 멀고 가까움에도 불구하고 중심에는 언제나 빛보다 빠른 속도로 현상을 인식하는 자기 자신이 서있다. 광활한 시공 속에서 미시적인 것과 거시적 의미의 연결고리에 절대고독과 허무의 이미지를 놓치지 않고 반추反芻했다.

현대사회는 군중속의 고독이 더 무섭다는 말처럼, 군중이 별들이고 나 또한 별똥별일지도 모른다. 모두가 외로우면서도 외롭지 않는 척, 자기 포장을 하면서 살아가는 사람들. 살아가면서 예기치 않았던 일들을 체험하고, 세상 만상이 다 흔들리듯 때로는 갈대 같이 나약한 존재가 인간인 것이다. 무한한 대자연 앞에서 티끌보다 못한 나를 발견할 때, 숙연해져야 하지 않을까.

오직

사물은

그 자신의 존재로

눈물 흘리며 눈물을 감춘다

—「사십구재」 부분

굴뚝의 연기는 눈물을 부르며

굵은 눈물은

억센 빗줄기를 부른다

—「굴뚝 연기」 부분

불에 타면 날아가 버릴

크고 작은 믿음 한 장.

(중략)

간절한 소망만큼

욕심으로 젖어오는

이승과 저승 사이를 오고 간

무정한 E-메일이여

—「부적符籍」 부분

서로 다른 3편의 시가 방법적 표현이 달라도 죽음이란 공통분모를 향하여 치닫고 있다. 어둠이라는 전체적인 구도 안에서 유달리 죽음에 대하여 많은 부분을 천착穿鑿하는 시인의 경향은 곧, 삶의 본질을 묻고 있는 것이다. 객체와 존재가 내면에 있어서, 결코 이질적 성질로 설명될 수 없는 불가사의不可思議함을 내포하고 있다.

49재, 불가佛家에서 언급되는 죽은 지 49일 되는 날에, 경문經文을 읽고 공양供養을 하여 명복을 비는 칠칠재七七齋. 죽은 사람이 누구이거나 죽음이란 어떤 것이건 간에 허망한 것. 세상에, 내가 없는 이 세상은 우리에게 과연 무엇인가를, 시사해주는 느낌을 깊이 음미해볼만하다.

부적은 민속용어로 佛家불가나 道家도가에서 잡귀를 쫓기 위해, 한지에 야릇한 글자를 붉은색으로 그리어 소지하거나 붙이는데 신부神符라고도 한다.

사실 그것은, 사람의 마음이 허하거나 약해질 때에 의지하는 믿음의 신표일시 분명하다. 우리는 누구나 생生의 막바지에서 마지막 하나라도 잡고 잘 살아보려고 발버둥칠 때가 간혹 있을 것이다.

첫 행과 둘째 행을 통하여 외형의 절제節制된 리듬이 마지막 행과 바로 연결되어 있다. 이로 인하여 인간들의 통과의례通過儀禮행위의 잠재적 연장선에서 꼭짓점에 있는 사유思惟가 발현發現되어 시적 긴장감을 고취시킨다.

단아한 형식 속에 기대하는 마음은 '크고', 부적의 크기는 '작은' 것의 의미를 압축하여 이미지를 비교한 것은 매우 적절하다고 하겠다.

천년을 지나도 빛줄기 하나 없을
어딘지 모르는 흐름을 따라
탁한 산소를 빨며
음흉하게 번진 진폐증을 쥐어뜯으며

아무도 모르는
지구의 가장 깊숙한 고독
무지막지한 갱도의
시간을 가늠할 길 없는
육신은 허탈하다

—「탄광 막장」 부분

이승의 모든 일은 무겁고 아프며
산다는 일은 그럴 수밖에 없을 것입니다
(중략)
나는 숨을 죽이며
빨간 수평선을 지켜봅니다

—「뜨거운 바다」 부분

탄광 막장이 어떤 곳인가? 바야흐로 남성 상실시대의 조류 속에서 가부장의 지위를 잃어버린 이 시대. 아버지들이 처한 고달픈 삶과 신산辛酸한 인생을, 표제標題의 시에 서려있는 의미와 함께 읽는다.

시인은 어느 날, 배를 타고 섬을 향하여 안개속의 망망대해를 헤치며 인생을 달린다. 원래 빙하기 이전에는 육지였을 바다. 가라앉은 육지를 바다가 덮어버렸듯이, 온갖 세상살이의 들끓는 험한 파도는 그리 녹녹하지 않는 것이다. 이승은 무겁도록 아프고, 산다는 것은 다 그렇고 그런 것이라고 푸념을 하면서도 냉정하게 빨간 수평선을 지켜보는 시인을 생각한다.

지천명의 삶을 살아오면서 어찌 고통과 아픔이

없겠는가마는, 때로는 분노하고 좌절하며 애틋한 자기 자신의 삶을 사랑하므로 불길이 이글거리는 뜨거운 세상을 향하여 목청껏 외친다.

노숙자들만 어둠으로 남은
텅 빈 도시의 중심지에서
바람이 우는 소리를 들었다
지르는 소리와
그 어두운 기척이 무엇이었던지 간에
스산한 불빛들은
나를 밟고 슬픔을 내버려둔 채
썰물로 빠져버렸다

—「신기루」 부분

해저물녘
욕망의 뿌리가 거덜 난
포유류의 어기적거리는
뒷모습을 따라 무수히 많은
호랑나비 떼가 나래를 너울거리며
거리로 날아가는 것을 보았다

—「문신」 부분

시인의 눈과 귀는 예민하다. 소설 '25시'의 작가 '게오르규'는 시인이 괴로워하는 사회는 병든 사회라고 하였다. 인간들은 모두가 탈을 쓰고 생활의 이중성을 지닌 채, 타인의 일은 나 몰라라 하며 뒷짐을 지고 살아간다. 공해와 소음이 만연蔓延된 거대화한 도시, 물질문명이 점점 규격화되어 자연의 본연本然을 상실한 비인간. 욕망이 자리 잡은 근저根底에는 어둡게 드리워진 죽음이 도사리고 있는 것이다.

Ⅲ

'시는 체험이다.' 라는 '라이너 마리아 릴케'의 체험론을 차치하고라도 많은 생각과 생활속의 편린들이 잘 묻어있다. 사물에도 인과성因果性을 부여하고 삶과 존재에 대한 환유換喩로 여러 작품들을, 다양화된 초점으로 투시하여 탐색하고 있는 점이 돋보인다. 하잘 것 없는 사물의 단서일지라도 일상적인 삶의 세계 속으로 끌고 들어와, 객관적 현상과 본질을 꿰뚫어보려는 치열함이 배어있다.

다소 딱딱하게 느껴지는 낱말에도 애써 사족蛇足을 거의 붙이지 않은, 독특한 언어처리 방식은 그만의 특징이다.

시인 '에즈라 파운드'는 "평생 여러 권의 책을 쓰느니, 하나의 훌륭한 이미지를 만드는 게 더 낫다"고 했다. 새로운 언어창조는 세계를 언제나 낯설게, 그리고 유심히 바라보고 그 새로운 것들을 찾아 참신한 언어로 표현하려는 몸부림이다. 시는 작은 은유들이 모여서 된 큰 은유의 덩어리이다. 왜냐하면 시의 언어는 단순히 사물을 가리키는 것이 아니라, 살아 움직이는 영혼을 가진 어떤 것이므로.

글은 곧 사람이다.

그의 이번 시집에서는, 한국인의 정서에 맺힌 한恨을 갈무리하여 깊고 넓은 문학의 세계를 확충시켜 나가고 있음을 감지하였다. 특히 소외된 자들의 아픔, 도시의 이면에 드리워진 길고 어두운 그림자를 그냥 지나치지 않고 따뜻한 시선으로 감싸 안은 것과 자연, 생명으로 까지 눈을 돌린 점을 주목한다.

눈물과 감동이 말라버린 시대에서, 갖은 오염과

공해로 정신과 육체가 황폐해버린 세상에서도 우리의 시 쓰기는 계속되어야 한다. "아름다움이 이 세상을 구원한다." '도스토예프스키' 의 말이다.

뜨거운 바다

글쓴이 / 최성배
펴낸이 / 孫貞順
펴낸곳 / 모아드림

1판 1쇄 / 2006년 9월 7일

서울 서대문구 북아현3동 1-1278
전화 / 365-8111~2
팩시밀리 / 365-8110
E-mail / morebook@morebook.co.kr
http://www.morebook.co.kr
등록번호 / 제2-2264호(1996.10.24)

ISBN 89-5664-093-9

값 6,000원